LES

DROITS D'AUTEUR

SUR LES

Œuvres des Arts Figuratifs

PAR

MOÏSE AMAR

Avocat et Professeur libre de droit industriel a l'Université de Turin

ROMA TORINO FIRENZE

FRATELLI BOCCA Editori

LIBRAI DI S. M.

—

1896.

LES
DROITS D'AUTEUR

SUR LES

Œuvres des Arts Figuratifs

PAR

MOÏSE AMAR

Avocat et Professeur libre de droit industriel à l'Université de Turin

ROMA TORINO FIRENZE

FRATELLI BOCCA Editori

LIBRAI DI S. M.

—

1896.

PRÉFACE

L'Association littéraire et artistique internationale a établi
son programme et nommé ses relateurs sur chaque thème posé
à l'ordre du jour pour le prochain Congrès annuel, qui doit
se tenir à Dresde le mois de septembre 1895. En même temps
le Comité, qui s'est constitué en Allemagne pour la préparation
du même Congrès, a ouvert une enquète sur tout ce qui re-
garde les droits d'auteur et a formulé un questionnaire, sur
lequel il a voulu arrèter l'attention des studieux de la matière.

La Société italienne des Auteurs, en accueillant cette invi-
tation, pria quelqu'un des ses membres d'étudier les questions
posées par le Comité allemand, persuadée que s'il ne sera pas
possible au Congrès de discuter d'autres questions que celles
du programme de l'Association, qui est déjà assez étendu, il
ne pourra qu'être utile l'étude des questions fondamentales,
auxquelles les questions du Congrès se lient.

Je pris à examiner le troisième chapître du questionnaire,
qui se refère aux peintres, aux sculpteurs et autres artistes
du même genre. En tel examen je tàchai de me conformer à
l'ordre précis du questionnaire, et dans les réponses j'ai considéré, qu'on devait exposer une espèce de sommaire des propres

idées, plutôt que traiter amplement la matière, ce que la nature du travail ne comportait pas; et cela d'autant plus qu'il
s'adresse à des personnes, qui ont fait des droits d'auteur l'objet
de leurs études et qui dans la matière sont de vrais maîtres.
Et c'est pour cela aussi que je me suis abstenu de faire aucune
citation d'auteurs, aucun exemple, qui du reste sont trop connus
des lecteurs.

Je dois faire encore une autre observation, c'est-à-dire
qu'étant celle-ci une étude abstraite, quelques que ce soient les
dispositions des lois, quoique avec un but pratique, je n'ai re-
gardé au disposé des lois des divers Etats, sauf lorsque cela
a été nécessaire pour expliquer mon idée.

Sur les caractères d'une œuvre d'art.

Lorsqu'on recherche quels sont les droits des artistes, il nous vient tout de suite à l'idée de demander quels sont les artistes et par conséquent quelles sont les œuvres d'art. Or, cette question est telle qu'il n'est pas facile d'y repondre, parceque la définition de l'art est très difficile par elle même. Les écrivains d'esthétique de toutes les nations ont déjà épuisé l'argument et l'ont traité avec des études très approfondies; et c'est pour cela que ce serait une vraie prétention d'en émettre ici une nouvelle définition.

L'art est une chose que l'on la sent plus qu'on ne la puisse définir, parcequ'elle s'adresse au sentiment; et en effet c'est aux divers sens que les arts correspondent et selon lesquels ils se subdivisent.

On distingue pour cela spécialement les arts qui regardent la parole et l'ouïe, c'est à dire la poésie et la musique, et ceux qui se refèrent à la vue et qui sont plus spécialement indiqués sous le nom de *beaux arts* et qu'en Allemagne sont mieux qualifiés: *arts figuratifs*.

C'est de ces dernières espèces d'arts que je me dois occuper, et je n'en veux pas passer les bornes.

Quand est-ce donc que dans un travail manuel exposé au sens de la vue vient à se trouver une œuvre d'art?

Je pense que pour faire une œuvre d'art il faut deux conditions: une qui doit être en celui qui le produit, l'autre en celui pour lequel l'œuvre a était faite. Celui qui n'introduit pas dans l'œuvre quelque chose de son intelligence et se borne à suivre matériellement des règles fixes, ne fait pas une œuvre d'art. Je ne veux pas dire avec cela que les arts n'aient pas eux aussi des règles à observer, mais celles-ci regardent la façon d'exprimer avec la matière les sentiments qui doivent être ceux même de l'artiste.

Mais il ne suffit pas l'intelligence de celui qui produit à faire une œuvre d'art.

Les sciences sont le produit de l'intelligence humaine, mais quoique dignes de toute admiration et de toute protection, elles ne doivent pas se confondre avec les arts, car elles n'ont rien à faire avec les sens humains. Que ce soit un sens de commotion, de pitié, d'horreur, de joie ou d'enthousiasme, que l'œuvre d'art doit faire naître, tout cela n'est pas le but de la science. Puisque l'art se dirige aux sens, il y a l'art seulement quand le sentiment nouveau est né. Par exemple, tous les jours, à toutes les heures, à tous les moments nous pouvons contempler les traits d'une personne, qui nous est chère et pourtant nous éprouvons un sentiment nouveau à la contemplation d'un tableau, d'un buste, d'une gravure, qui en reproduisent les traits. L'artiste a copié les traits de la personne; mais dans cette copie il a introduit son intelligence, et s'il y avait cent artistes, qui eussent tiré la même personne d'après nature, tous purent y introduire le cachet de leur propre intelligence. L'artiste n'a pas mis sous nos yeux une nouvelle personne, et pourtant il a fait naître en nous un sens de satisfaction, voyant ses traits reproduits avec un art spécial. Ce que je dis des personnes doit se dire pour les choses; et comme on l'applique au sens du plaisir on l'applique aussi au sens de la douleur, parceque en art le beau peut exister aussi lorsqu'on fait naître un sentiment d'horreur ou d'effroi; cela sert aussi pour conduire au bien.

Il y a donc une œuvre d'art, quand l'œuvre, quoique manuelle, a l'empreinte de l'intelligence de celui qui l'a produite et réveille un sentiment nouveau en celui auquel elle est destinée.

De cela on vient à déduire que, quoique petite, l'œuvre intellectuelle, et quoique soit petit le sentiment réveillé, l'œuvre d'art y est toujours, tandis qu'elle n'y est pas si l'un et l'autre de ces deux éléments viennent à manquer.

Autant il y a des formes avec lesquelles, en employant l'œuvre intellectuelle, on peut faire naître un sentiment nouveau, se dirigeant, bien entendu, à l'organe de la vue, puisque nous nous occupons des arts figuratifs, et autant peuvent être les arts.

C'est pour cela qu'on a vu avec les temps s'introduire de nouvelles espèces d'art, c'est-à-dire quand de nouvelles études et de nouvelles applications ont réussi à trouver de nouvelles formes capables de faire naître de nouveaux sentiments.

Ici on voit surgir une nouvelle question, c'est à dire comment l'art se distingue de l'industrie, quand il y a un objet artistique et quand il y a un objet industriel.

On tire la réponse à cette question de l'objet de l'art même. Il vise à réveiller un nouveau sentiment. C'est là son unique but direct.

Le sentiment artistique est le but de soi-même, indépendamment de quelque application et de quelque avantage qu'on en puisse déduire.

L'industrie au contraire vise seulement à satisfaire des besoins soit matériels soit aussi intellectuéls de l'homme. De telle façon lorsque un ouvrier fabrique des objets pour l'étude des sciences, il fait une œuvre industrielle et avec celle-là il pourvoit à des besoins tout-à-fait intellectuels. Son produit est un produit industriel, non un produit artistique. Donc le caractère différentiel entre l'objet d'art et l'objet industriel repose dans le but auquel l'objet est destiné; s'il vise exclusivement à réveiller un nouveau sentiment, il appartient aux œuvres d'art; si au contraire il doit pourvoir à un autre besoin de l'homme, il est un objet industriel. Je dis un *autre besoin de l'homme*, parceque le sentiment aussi est un besoin de la nature humaine plus ou moins accentué selon la civilité des hommes. Mais il n'y a pas une vraie antithèse entre le besoin du sentiment et les autres besoins de l'homme; ils sont des besoins divers, mais non pas opposés. Au contraire avec le progrès de la civilisation ils tendent toujours plus à s'harmoniser. La nature humaine tend au beau, et si un objet industriel satisfait au sentiment du beau, on constate une telle harmonie.

Si le sentiment réveillé par l'objet industriel n'est pas nouveau, l'art n'y est pas: si au contraire l'objet industriel réveille par sa construction aussi un sentiment nouveau, alors l'art se lie à l'industrie et nous avons l'objet d'art industriel. La difficulté réside dans la façon de déterminer les caractères de ces espèces d'objets, pour y appliquer ou non les lois qui se réfèrent aux œuvres d'art.

Je n'entends pas de toucher ici aux diverses dispositions des lois positives des divers pays sur les droits d'auteur; puisque il est certain qu'il y en a de celles qui disposent, sans les spécifier, pour toutes les œuvres de l'intelligence ou d'art; d'autres qui les spécifient distinctement et d'autres qui appliquent ou non la protection des droits d'auteur selon la distinction ou l'application de l'objet.

On peut discuter sur les avantages et sur les inconvénients de ces divers systèmes; le premier est plus large, mais il ne fournit pas des règles pour ses applications; le second est plus précis, mais il ne pourvoit pas à ces espèces d'œuvres d'art, qui ne sont pas expressement énumérées dans la loi; le troisième nous donne une règle sûre pour l'application de la loi, mais il soutrait aux avantages de la loi bien des œuvres, qui auraient le droit d'y être comprises et cela seulement parceque on a fait d'elles une application industrielle.

Dans la formation des lois il faut quelquefois préférer la plus grande facilité d'application à la pratique exacte de la rigueur scientifique, et c'est la, à mon avis, la cause qui explique et justifie le système de la loi allemande, qui soutrait à la protection de la loi sur les arts figuratifs les œuvres ayant une application industrielle; et c'est la même considération qui explique et justifie les lois qui, quoique elles n'admettent pas les productions photographiques parmi les beaux arts, les protègent avec celles-ci.

Mais si on veut établir par abstraction la règle pour l'application des lois sur les droits d'auteur aux œuvres d'art industrielles, il me semble que l'application doit se vérifier chaque fois que l'œuvre vient réveiller un sentiment esthétique.

Ainsi une coupe, un candelabre sont ordinairement destinés à contenir un liquide ou à nous donner de la lumière; mais si la coupe ou le candélabre sont faits de telle forme nouvelle, qui puisse nous donner une nouvelle satisfaction du sentiment esthétique, ils constituent une œuvre d'art; ce sera de l'art industriel, mais ce sera toujours de l'art.

Un dessin peut avoir une forme modeste, comme celle d'un avis; mais il peut être tout de même l'œuvre d'un artiste distingué et réveiller un sentiment de satisfaction en celui qui l'examine. La destination du dessin ne peut rien ôter aux qualités intimes qu'il possède. Avec tout cela, je le répète, je n'entends pas ici discuter si pour la clarté, la simplicité et l'eurythmie des lois il convienne ou non d'adopter des règles différentes pour la protection des œuvres d'art industrielles. D'un côté on regrette de refuser la protection des lois sur les œuvres d'art à celles qui en ont tous les caractères, et de l'autre côté ce n'est pas sans inconvénients et sans danger de laisser au jugement du magistrat de décider, dans chaque cas particulier, si un produit déterminé soit ou non une œuvre d'art. C'est ce qui arrive à présent pour les œuvres photographiques. Dans les Etats où la protection de ces productions n'est réglée ni par les lois sur les droits d'auteur, ni par des lois spéciales, on discute toujours si le produit photographique, dont on invoque la protection judiciaire, soit ou non une œuvre d'art. Je n'oublie pas que depuis le 1874 dans mon œuvre: *Dei diritti degli autori di opere dell'ingegno,* j'ai affirmé qu'il serait raisonnable d'admettre le caractère artistique dans une œuvre photographique. Mais d'autre côté, je suis bien d'avis qu'il y a des produits photographiques où l'art n'existe point; et j'observe cela non pas parceque il y a des productions photographiques si mal faites à faire renier toute idée d'art (puisque la capacité de l'artiste ne peut pas influencer pour déterminer l'existence de l'œuvre d'art), mais parceque ces productions ou sont tout-à-fait œuvres mécaniques ou physiques, ou, tout étant productions de l'intelligence, n'ont ni le but ni l'effet de reveiller dans l'àme un sentiment esthétique. C'est ainsi que tous les produits photographiques, qui ont seulement un but scientifique, sont des travaux dignes du plus grand encouragement, sont des œuvres de l'intelligence; ils peuvent eux aussi être classifiés parmi les œuvres scientifiques et jouir des protections dont on les favorise ; mais on pourrait bien difficilement les appeler des *œuvres d'art*. Avec cela je ne veux pas du tout nier ce que j'ai toujours affirmé, c'est-à-dire qu'il est nécessaire de donner aux productions photographiques une protection correspondante à celle dont jouissent les œuvres de l'intelligence. Cependant il est certain que dans les pays où la loi n'est pas claire on voit les arrêts des magistrats à la recherche minutieuse, dans chaque cas particulier, si l'œuvre photographique a revelé le sentiment de l'art et si on a par elle éprouvé une satisfaction esthétique. Cette recherche constante et continuelle vient évidemment démontrer comment les règles posées par moi pour déterminer les caractères distinctifs d'une œuvre d'art soient exacts : mais il ne faut pas trop s'y fier, parcequ'elles font dépendre l'applicabilité ou non de la loi des sentiments ou des idées tout à fait particulières du magistrat qui doit juger.

Dans cette matière l'œuvre des studieux a encore beaucoup à faire, et surtout au point de vue international. S'il y a un langage universel, c'est certainement celui de l'art. En laissant de côté les sentiments d'autres civilités, qui paraissent sur la voie de trasformation, il est certain que le sentiment du beau est seul et unique et qu'il est également senti et compris par tous les hommes civilisés.

L'unité de la législation internationale, qui devrait se faire plus facilement, serait celle qui touche aux produits de l'intelligence, d'autant plus que les sciences et les arts ne devraient avoir de patrie sinon pour l'honneur qu'elle reçoit par les grands hommes qui les cultivent. Mais pour les arts spécialement l'accord sur une législation unique ne devrait pas être difficile ; accord qui apporterait de grands avantages à l'art même, puisque la protection efficace de la loi oblige les pays qui ont moins avancé dans le progrès à augmenter leur production intellectuelle. Même dans le système actuel des traités internationaux et des Unions entre les divers Etats, il serait essentiel d'avoir défini d'une façon uniforme quelles sont celles meritant vraiment d'être qualifiées *œuvres d'art*, pour savoir à quelles œuvres doit s'étendre la protection internationale.

Sur la collaboration dans les œuvres artistiques.

Il en est des œuvres d'art comme des œuvres littéraires et scientifiques, à la formation desquelles peut concourir le travail collectif de plusieurs personnes. D'après quelle règle doit-on établir les rapports juridiques entre ces personnes par égard aux droits d'auteur ? Dans les productions littéraires et scientifiques l'œuvre de chaque collaborateur peut être facilement distinguée ; parcequ'il existe dans la conception et dans la forme qui l'expose, et non dans la façon matérielle par laquelle il est concrété ; l'œuvre peut former un seul tout harmonique, quoique étant formée de plusieurs travaux séparés. La difficulté paraît déjà pour les œuvres d'art dramatiques comme pour celles dramatico-musicales, qui peuvent être faites par plusieurs personnes, sans que paresse le travail de chacun ; mais dans les œuvres d'art figuratifs, dans lesquelles a si grand part l'exécution matérielle, la difficulté de distinguer le vrai auteur du simple exécuteur augment bien davantage. Quelqu'un peut avoir une magnifique conception d'une œuvre d'art sans la savoir présenter par des signes sensibles ; un autre peut être un excellent exécuteur, mais il manquera du talent de la conception. Souvent on trouve des artistes très adroits dans les branches diverses d'un même art, mais il faut l'intelligence d'un autre, qui sache unifier leurs travaux partiels. Michelange avait bien dû faire le fond des tableaux peints par Sebastien del Piombo. En art la seule conception ou la seule exécution ne suffisent point, et cela à cause des deux conditions qui, selon moi, doivent concourir pour former une vraie œuvre d'art, c'est à dire le travail de l'intelligence et le sentiment esthétique , qui doit être réveillé en celui qui l'admire. Celui qui a conçu l'œuvre a aidé à satisfaire à la première condition, mais il ne satisfait pas à l'autre, tandis que celui qui l'exécute, quoiqu'il fasse preuve d'intelligence, peut ne pas avoir toujours la conception, qui doit réveiller le sentiment esthétique.

Cela ne veut pas dire que celui qui a concouru à l'exécution d'une œuvre d'art puisse se considérer toujours auteur ou collaborateur; souvent il n'est ni l'un ni l'autre. La sculpture nous en fournit un exemple bien clair. Celui qui a dégrossé le bloc de marbre selon le modèle de l'artiste, qui a avancé même son travail jusqu'à n'avoir plus besoin que des derniers coups du ciseau, n'est tout de même ni auteur, ni collaborateur dans le sens artistique. Son œuvre est tout à fait manuelle, non pas artistique.

Dans un récent procès déroulé en Angleterre sur une toile de Panorama, conçue par un artiste allemand pour une maison de Dresde, à laquelle avaient concouru plusieurs artistes choisis par lui, il en résulta qu'il y en avait eu, qui pouvaient se considérer comme de vrais collaborateurs, parcequ'ils avaient concouru par leur intelligence à faire quelque partie de la toile. Dans ce procès les droits d'auteur furent justement reconnus à celui qui avait conçu l'ensemble du dessin, parceque, moyennant une rétribution, il avait désintéressé ses collaborateurs ; mais cela n'influe nullement sur les déterminations qui caractérisent la collaboration. Cette collaboration existe, selon moi, lorsque celui qui concourt à l'œuvre d'art, y introduit aussi, de son côté, le double élément du travail intellectuel et de l'effet esthétique. Lorsque pourtant on demande s'il peut y avoir une œuvre d'art dans la simple conception ou dans la seule exécution, je réponds que non ; parceque dans le premier cas l'effet esthétique manque, et dans le second il n'y a pas de conception. Il faut donc que ces deux éléments soient réunis ; et chaque fois que plusieurs personnes concourrent à une œuvre d'art avec les deux éléments dits ci-dessus, ceux-ci sont tous des collaborateurs. Ces observations n'excluent pas que les lois positives, pour rendre plus facile la détermination des rapports juridiques, fassent dépendre les divers collaborateurs de celui qui a conçu l'ensemble de l'œuvre d'art, comme il advient pour les œuvres littéraires et scientifiques.

De la traduction dans les œuvres d'art.

J'ai observé plusieurs fois qu'à faire une œuvre d'art il faut le travail de l'intelligence et l'effet esthétique ; mais il y aura autant d'espèces d'art qu'il y a des formes par lesquelles cet effet peut être produit ; ainsi dans un même art il peut y avoir la même conception présentée en différentes façons, et ces différences suffisent à produire autant d'œuvres d'art.

Cela dit, puisque le moyen, par lequel les droits d'auteur sont ordinairement protégés, consiste à réserver à profit de l'auteur la reproduction et la vente de son œuvre pour un temps déterminé, il est très essentiel de définir quand il y a et quand il n'y a pas la reproduction d'une œuvre d'art.

Il n'est pas nécessaire de s'occuper des cas dans lesquels on fait dans le même genre d'art de petites variations à une œuvre d'autrui. Ces artifices, qui se font souvent pour chercher de fuir à l'application de la loi, ne peuvent pas nous préoccuper. Les difficultés s'élèvent quand, dans des cas déterminés, il est douteux s'il y a une reproduction ou une œuvre d'art nouveau.

Supposons que le sujet d'un tableau soit traité de la même façon avec une œuvre d'art de sculpture, ou qu'une statue soit reproduite par un tableau, par une gravure ou par une lithographie. Nous avons, en ces cas, l'emploi d'un art différent ; mais la conception artistique est la même, tandis que l'effet est, si non le même, analogue. On sent l'œuvre du premier artiste, on voit celle des autres. Est ce qu'il y a en cela reproduction ?

L'exécution est différente, comme différents sont les arts ; pour cette différente exécution l'intelligence a donné, elle aussi, son concours, ne fut-ce que pour donner fidèlement la conception de l'auteur original et obtenir l'effet, qu'on s'était proposé.

Il est bien vrai que le sculpteur emprunt au peintre ou vice-versa ; il est vrai que le graveur prend au sculpteur et le dessinateur au peintre, mais comme le sculpteur n'est pas peintre ni graveur, de même les œuvres d'art sont différentes.

On peut dire la même chose aussi dans l'enceinte plus étroite des arts graphiques ou des arts plastiques. Le travail du peintre ne peut pas se confondre avec celui du graveur. Le sculpteur en bois n'est pas le sculpteur en marbre, quoique ces deux arts se rassemblent bien plus que celui du peintre et du graveur.

Néanmmoins devra-t-on admettre pour cela qu'on puisse librement exploiter dans un art l'idée conçue et pressentie par un art différent ?

Il nous semble bien grave de laisser le monopole de la conception sur tous les arts pour un long cours d'années, tandis qu'il n'est pas moins grave de laisser exploiter par d'autres la conception aussitôt connue.

Ce problème n'est pas encore résolu dans la plus grande partie des lois sur la matière, tandis que, si l'amour national ne m'aveugle pas, il me parait bien résolu par la loi italienne, laquelle a introduit l'idée de traduction dans les œuvres d'art,

Celui qui traduit une œuvre littéraire d'une langue à une autre, fait plus un travail tecnique qu'un travail intellectuel ; tout de même pour donner l'idée fidèle de l'auteur original, il faut qu'il pénètre cette idée de l'auteur et en cela il fait une œuvre de l'intelligence. En outre il est certain que le traducteur rend à l'humanité un grand service, puisque il rend possible à un grand nombre de personnes de profiter d'une œuvre littéraire ou scientifique.

C'est pour cela que plusieurs législations ne considèrent pas la traduction des œuvres littéraires comme une reproduction, tandis que plusieurs Congrès de l'Association littéraire et artistique internationale l'ont déjà considérée comme telle. Selon moi tout en donnant à l'auteur le droit exclusif de traduction pour un plus grand nombre d'années et en admettant même que si l'auteur a soigné lui même la traduction, ce n'est plus le cas de la permettre à d'autres, tandis que les droits de l'auteur sont encore en vigueur, le travail du traducteur ne doit pas être considéré comme un simple travail de reproduction.

La loi italienne a suivi cette idée et elle a réservé pour dix ans à l'auteur le droit de traduction et elle a reconnu au traducteur les droits d'auteur pour sa traduction.

Pour ceux qui considèrent la traduction d'une œuvre littéraire comme une simple reproduction, l'application de l'idée de traduction aux œuvres d'art, n'est pas possible, parceque autant vaudrait dire qu'une œuvre d'art, reproduite en une œuvre d'art d'une espèce différente, n'en est que la reproduction.

Si au contraire on admet que l'œuvre du traducteur peut aussi être une œuvre intellectuelle, il est facile d'admettre aussi que l'œuvre d'art peut avoir sa traduction et rendre ainsi possible le moyen de résoudre plusieurs problèmes sur les rapports juridiques entre les diverses œuvres d'art.

Si les variations qui se font à une œuvre d'art ne demandent l'emploi d'aucun art nouveau, mais seulement la pratique manuelle d'un travail mécanique ou d'un procédé chimique, il n'y aura pas de traduction, parcequ'il n'y aura pas eu un nouveau travail artistique. Je dirais donc, comme la loi italienne dit, qu'on doit considérer comme reproductions, dont les droits sont réservés à l'auteur, les variations proportionnelles dans les dimensions ou dans la forme des parties d'un dessin, ou de toute œuvre, qui appartienne aux arts du dessin; comme il y aura encore reproduction quand dans la copie d'un dessin, d'un tableau, d'une statue ou d'autre œuvre d'art, il n'y aura que la variation de la matière ou du procédé. Si, au contraire, le travail appartient à un autre art, il faut tâcher de mettre d'accord le droit de celui qui fait le nouveau travail artistique avec le droit de celui qui a eu le mérite de la conception appliquée à un art different. On obtient cet accord, en appliquant les règles, qui régissent la traduction des œuvres littéraires; la transformation d'une œuvre d'art par un art différent doit rester de droit à l'auteur pour un certain nombre d'années; mais s'il ne se prévaut pas de ce droit ou par lui même ou par d'autres personnes, on doit permettre que celui qui a développé la même idée par un autre art, jouisse, dans les limites que la loi confère, de ses propres droits.

La loi italienne donna des exemples de la traduction des œuvres d'art et déclara qu'on a la traduction des oeuvres de dessin, de peinture, de sculpture, de gravure ou d'autre, lorsqu'on en donne la forme ou les types avec un travail non simplement mécanique ou chimique, mais qui constitue une autre œuvre d'art d'espèce dif- férente de l'œuvre originale, comme par exemple la gravure d'un tableau, le dessin d'une statue, etc.

Avec ces principes il me paraît qu'on puisse résoudre toutes les difficultés pratiques, qui peuvent être soulevées en égard à l'existence ou non de la reproduction des œuvres d'art; et de telle façon les difficultés se résolvent mieux qu'en s'attachant à la seule idée de la reproduction. En effet si d'un côté répugne l'idée qu'un travail, lequel peut être très considérable dans un art deter- miné, soit considéré comme une simple reproduction, quoique le sujet et la composition soient pris d'une œuvre qui appartient à un art différent; il n'est pas juste d'un autre côté, que l'auteur de l'œuvre originale perde d'un coup plusieurs avantages, que l'œuvre peut lui donner, seulement par le fait qu'il a plu à quelqu'un de traduire son œuvre par un art différent.

Au contraire on satisfait à toutes le exigences légitimes de l'auteur et du traducteur, si on considère le second travail comme une traduction de l'œuvre d'art, dont on réserve les droits à l'auteur original pour un certain nombre d'années, et si on reconnaît le droit d'auteur au traducteur pour sa traduction.

Il y a bien trente ans que l'idée de traduction a été appliquée aux œuvres d'art par la législation italienne, mais elle ne trouva pas encore d'imitateurs. Bien probablement la cause est dans le système par lequel sont organisées ou interprétées les lois sur les droits d'auteur. En France on tend toujours plus à égaliser la tra- duction des œuvres littéraires à la reproduction et par conséquent, tout naturellement, il n'y a pas de tendance à introduire dans le langage juridique artistique l'idée de traduction. Dans d'autres lois, comme la loi allemande, on fait la distinction entre les arts graphiques et les arts plastiques (et de là la question sur les lithophanies et les diaphanies). Or cette distinction n'aurait pas raison d'être si on admettait l'idée de traduction, laquelle peut exister aussi entre deux œuvres d'art graphiques ou entre deux œuvres d'art plastiques. Enfin dans d'autres lois on donne quelques dispositions pour des cas spéciaux. Si on veut bien réfléchir, l'idée de traduction dans les œuvres d'art donne beaucoup de résultats pour la solution des problèmes, qui se réfèrent aux œuvres d'art figuratifs. A mon avis, un exemple bien clair nous vient du spectacle des tableaux vivants qu'on voit de nos jours. Dans ces tableaux on prend l'idée et les dispositions de chaque partie du tableau original, avec la différence que celles ci sont en rélief mêlées souvent à quelque fond peint, et que la partie, qui devrait être de la sculpture, est fournie par des personnes au lieu que par des choses. Pour faire tout cela il faut de l'art, qui réussira d'autant mieux qu'elle présentera fidèlement l'œuvre d'art originale. Sans discuter ici les raisons pour lesquelles en Angleterre, à cause de la disposition des lois positives, on a nié la protection à celui qui avait les droits d'auteur, vis-à-vis de ceux qui avaient représenté publiquement les œuvres par des tableaux vivants, il me parait que considérant les tableaux vivants comme une traduction, ou, comme d'autres diraient, comme une reproduction par un art différent, on ne devrait pas réfuser la protection des droits d'auteur sur l'œuvre originale vis-à-vis des tableaux vivants correspondants, qui fussent faits publiquement. L'idée de traduction s'impose tellement que dans *Le droit d'auteur* du 1894, en parlant des tableaux vivants, on racontait à pag. 70, que le peintre Rochegrosse avait refusé de laisser *traduire* par un tableau vivant sa *Mort de Babylone* sur un théatre parisien. L'expression fût heureuse, mais, selon moi, l'idée de traduction introduite dans les œuvres d'art est aussi éminemment juridique.

Sur les œuvres d'art exposées en public.

Lorsque une œuvre d'art est exposée en public il peut paraître que tout le monde ait le droit de l'exploiter à son profit pourvu qu'elle soit complétement respectée. Il peut paraître que la facilité de sa reproduction donne le droit au public d'en profiter en tous les sens. Cela arrive plus spécialement pour les œuvres d'architecture.

Lorsque l'architecte a fini son œuvre, pourquoi ne pourra-t-on le faire connaître et même l'imiter et le reproduire? La législation allemande ne dispose pas sur les œuvres d'architecture dans la loi sur les œuvres d'art; mais elle en dispose dans celle sur les œuvres littéraires ou scientifiques, et cela seulement pour les dessins d'architecture; la difficulté est donc augmentée, parceque on peut considérer que la reproduction soit défendue seulement lorsqu'elle est faite des mêmes dessins.

A mon avis, il n'y pas de doute, que les œuvres d'architecture sont de vraies œuvres d'art. Il est bien vrai que l'architecture appartient aux sciences pour les études positives qu'elle exige; mais il est aussi vrai que par l'œuvre intellectuelle et scientifique elle veut aussi obtenir un effet esthétique, et c'est cet effet qui, à mon avis, caractérise l'œuvre d'art. On peut donc appliquer les considérations, que je ferai ici, à toute œuvre d'art, compris les œuvres d'architecture, comme par exemple un palais, une ville, une église ou un théatre.

Ainsi posé le problème, quelle est la différence entre une œuvre exposée au public et celle qui reste enfermée dans la maison d'un propriétaire? La différence est en ceci, que le propriétaire exposant son œuvre au public laisse que les autres jouissent avec lui de la contemplation de l'œuvre. L'artiste qui confia son œuvre à l'aquéreur, qui l'a exposé au public, même à son insu, ne peut pas s'en plaindre, parceque celui-ci n'a usé que de son droit de propriété; et d'autant moins il peut s'en plaindre, si en faisant son ouvrage il savait déjà qu'il aurait été livré au public. Si l'œuvre d'art a été faite pour l'Etat ou pour un établissement public, il peut recevoir la publicité que les administrateurs de l'établissement veulent lui donner. C'est pour cela qu'en Italie, par disposition de la loi, la reproduction des œuvres publiées aux depenses ou par ordre de l'État, des Provinces, des Communautés, touche à eux de droit.

Si donc l'œuvre est exposée dans un musée, elle pourra être admirée par tous ceux qui y iront ; s'elle est exposée sur une voie, ou sur une place, elle pourra être admiré par tous ceux, qui se rendront dans cette localité.

Est-ce que de cette exposition publique on pourra déduire que l'artiste ou l'établissement public en permettent la reproduction entière ou en partie ayant recours aux arts reproductifs ? Si l'artiste a renoncé à ses droits d'auteur ou si l'établissement public, auquel l'artiste a cédé ses droits, y a renoncé ou expressement ou tacitement, alors certainement la reproduction est libre. Mais si tout cela n'est pas arrivé, pourquoi devra-t-on supposer qu'ils aient rénoncé, sans nécessité, à leurs propres droits ?

Il y a ici une question sur laquelle je devrai revenir, c'est à dire, celle de l'aliénation d'une œuvre d'art par égard aux droits d'auteur. J'observe tout de suite, que, sans une disposition expresse de la loi ou une convention entre les parties, l'aliénation d'une œuvre d'art n'implique pour cela seulement le transfert à l'acquéreur des droits d'auteur. J'ajoute encore, que souvent l'artiste, qui fait une œuvre d'art pour un établissement public, rénonce, ou expressement, ou implicitement, ou par disposition de la loi, à ses droits d'auteur à faveur de l'établissement public. La question se réduit donc à savoir si, pour les œuvres d'art faites pour compte d'un établissement public, il soit pour cela seulement permis à quiconque de les reproduire. Selon moi la réponse doit être négative, parceque on ne peut pas supposer la rénonciation aux propres droits. On ne peut pas invoquer la destination de l'œuvre au delà de ce que l'œuvre même comporte.

Le public aura la jouissance de la contemplation de l'œuvre d'art ; mais personne ne pourra par des reproductions donner la même jouissance à ceux, qui ne forment pas ce public. Cela forme l'objet des droits d'auteur et doit rester à celui auquel ce droit appartient.

Il peut se faire et il arrive souvent que, dans l'intérêt du public, l'établissement public laisse libre la diffusion de l'œuvre d'art, et que pour cela il ne s'oppose pas à la reproduction, mais cela arrive seulement par effet de sa volonté et en suite de sa tolérance; mais cela ne constitue pas un droit du public. Pour cette raison personne ne doute que la direction d'un musée a le droit de défendre la reproduction des œuvres d'art, qu'elle y possède, parceque autrement ces œuvres étant exposés dans une lieu public, tous les visiteurs pourraient se croire en droit d'en tirer des copies. La réponse est plus certaine si l'œuvre d'art qui est exposée dans un lieu public, appartient à un privé. La publicité de l'œuvre ne peut être donnée que dans les limites que la position du lieu lui donne. Si donc on en veut tirer des copies avec un art différent, ou la réfaire autrement, on doit en demander la permission à ceux auquels les droits d'auteur appartiennent.

Mais ici il est nécessaire d'examiner particulièrement les rapports entre les droits de l'artiste et les droits de celui pour lequel l'œuvre a été faite.

Des effets de la vente d'une œuvre d'art.

Dans la recherche de ces effets il faut avant tout observer que l'œuvre d'art peut se transférer de l'artiste à l'acquéreur ou par effet d'une commission ou parceque l'artiste a vendu l'œuvre après l'avoir composée. La distinction doit être faite, parceque par elle on peut établir le moment dans lequel l'œuvre d'art devient la propriété de celui auquel elle est destinée. Si l'artiste exécute l'œuvre parceque il en a eu la commission, il peut se considérer comme un mandataire ou comme un loueur d'ouvrage; et pour cela l'œuvre, qu' il a faite, appartient à celui qui l'a ordonnée depuis son commencement. Si au contraire l'artiste exécute l'œuvre et puis il la vend, la propriété ne passe à l'acquéreur qu'au moment où l'accord s'est fait entre les parties.

Cette distinction a des conséquences pratiques pour les droits que des tiers peuvent faire valoir sur le produit artistique; et la jurisprudence des diverses nations nous en donne des exemples. .

Mais cette distinction peut-elle influencer sur les droits d'auteur ? Si l'artiste exécute une œuvre d'art parceque il en a eu la commission, est-ce qu'on pourra dire que les droits d'auteur soient à ceux qui la lui ont donnée, parceque c'est d'eux qu'il l'a reçue ?

Cette question démontre dejà, à mon avis, comme je l'ai dejà fait noter, que le fait seul de l'aliénation pure et simple d'une œuvre d'art n'implique pas le transport des droits d'auteur à l'acquéreur de l'œuvre. On ne peut ni on doit pas présumer que l'artiste, qui vend son œuvre, ait à renoncer à des droits, qui ne dépendent pas de la possession matérielle de l'œuvre même et qui ne sont pas nécessaires à l'acquéreur pour en jouir entièrement. Les droits d'auteur existent indépendamment de l'œuvre; ils ont un caractère éminemment intellectuel; et l'œuvre ne sert qu'à indiquer leur objet. L'acquéreur de l'œuvre en jouira dans toute sa plénitude; et l'artiste, qui a eu la compensation du travail qu'il a fait, pourra, sur les droits qui lui sont réservés, avoir la compensation pour sa conception et pour la jouissance qu'il donnera à d'autres.

Est-ce que la chose devra changer parceque l'artiste a fait son œuvre d'après une commission ? On ne peut pas admettre une supposition pareille, parceque les effets d'une commission ne peuvent pas surpasser le but qu'on peut déduire de la commission même. Si celui qui donne la commission ne fait pas d'autres pactes, on doit supposer qu'il ait voulu avoir l'œuvre d'art seulement pour se donner les jouissances qui y sont inhérentes, et non pas qu'il ait voulu se substituer à l'artiste.

Je n'entends pas avec ça contredire à la solution que, par règle, on doit donner à la question sur les effets de la composition d'un travail littéraire ou scientifique pour compte d'autres. Dans ce cas la commission ne peut pas se référer au manuscrit qui constitue l'œuvre ; et pour cela on peut présumer que l'auteur, recevant la compensation de l'œuvre qu'on lui a ordonnée. transfère dans celui qui en a donné l'ordre, les droits d'auteur ; puisque c'est par l'exercice de ces droits que l'acquéreur peut se couvrir de ses dépenses. Mais l'œuvre d'art a une valeur à soi, qui ne dépend pas de sa reproduction et de sa vente.

Il y a toutefois des cas dans lesquels on peut admettre que l'artiste transfère à l'acquéreur le droit de reproduction. Tel serait le cas de l'artiste qui faisait une œuvre pour un établissement public. La nature même de l'acquéreur ou de celui qui donne la commission implique logiquement et nécessairement que celui-ci ait le droit de reproduction.

Un autre cas serait celui dans lequel l'artiste donne à l'acquéreur le moyen de reproduction. La loi italienne a justement une disposition dans ce sens, parceque à l'art. 18 elle dispose que dans la cession d'une estampe, d'un moule ou d'un autre cliché, qui constitue un moyen duquel on fait usage ordinairement pour publier ou reproduire une œuvre d'art, on doit entendre comprise la faculté de la publication ou de la reproduction, s'il n'y a pas des pactes implicites contraires et si cette faculté n' appartient au possesseur de la chose cédée ; et ensuite elle ajoute que la cession d'un où de plusieurs exemplaires d'une autre œuvre quelconque ne comporte l'aliénation du droit de reproduction, quoique il n'y ait

pas des pactes explicites. Ce système de régler la matière me paraît
digne d'approbation, mais il ne résout pas toutes les difficultés,
parcequ'on peut très bien admettre, que celui, à qui on a con-
signé le moyen de reproduction, ait le droit de le faire, sans que
pour cela en soit privé l'artiste; parcequ'on peut très bien con-
cevoir que le droit appartient à tous les deux. Donc je pense
que même dans ce cas de consignation du moyen de reproduction
on ne puisse pas présumer l'aliénation complète des droits d'auteur;
puisque l'artiste peut faire de nouveau la même œuvre et recon-
stituer une autre fois le moyen de reproduction.

Ces observations peuvent s'appliquer même en cas d'une œuvre
d'art dont on a eu la commission, et cela parceque cette commission, sauf des pactes contraires, se réfère à l'objet que l'artiste
doit faire et ne peut pas le priver de ses droits. Une preuve qui
ainsi doit être est déduite de l'observation suivante. Celui qui a
donné la commission ou qui a acquis une œuvre d'art peut dans
son intérieur en faire ce qu'il lui plait; il peut la modifier ou
même la détruire; elle est à lui. Mais est-ce qu'il pourra, après
l'avoir modifiée, l'exposer au public comme une œuvre de l'artiste
qui l'a produit ? Il serait difficile de trouver quelqu'un qui donne
une réponse affirmative, parceque admettre que l'œuvre de l'intelligence soit exposée au public sous forme différente de celle que
l'auteur lui donna, répugne à tout le monde. Cela se fait, parcequ'à l'auteur il reste toujours quelque chose, quoique il se soit privé
de l'œuvre. L'acquéreur aura donc la propriété et la jouissance de
l'œuvre, il aura même le droit exclusif de le reproduire et d'en
vendre la reproduction, si cela a été stipulé; mais la personnalité
de l'œuvre de l'esprit reste toujours à l'auteur.

De l'autre coté le droit de l'acquéreur sur l'œuvre acquise doit
être entier en ce sens que l'artiste, lorsqu'il s'en est dépouillé, n'a plus
aucun droit sur l'objet matériel avec lequel l'œuvre est concrétée.
Il ne pourra donc prétendre que l'acquéreur laisse à sa disposition
la chose acquise ou le laisse entrer chez lui pour le copier ou le
reproduire ou l'imiter. Tous les droits du propriétaire sur la chose
acquise doivent être respectés. De telle façon on respecte inté-
gralement les droits de l'artiste et ceux de l'acquéreur de l'œuvre.

Des portraits.

Est-ce que les thèses exposées ci dessus recevront quelque modification par le fait que dans l'œuvre il y ait le portrait d'une personne ? Dans ce cas il s'ajoute une troisième personne à celles de l'artiste et de l'acquéreur, c'est-à-dire celle de la personne qui est représentée par le portrait, qui souvent forme avec la seconde une même personne, et qui peut même exister sans que la seconde existe, comme il arrive toutes les fois que l'artiste fait le portrait d'une personne sans qu'aucun lui en ait donné la commission ou qui en ait fait l'acquisition.

Etabli que le droit d'auteur sur l'œuvre de l'art aliénée par lui reste à l'artiste, on se demande si le principe continue à subsister quand l'œuvre d'art est un portrait ; et moi, par principe, je retiens que oui. Si celui qui a donné la commission de l'œuvre ou l'a acquise voulait que les choses fussent différemment, il pouvait le stipuler. Mais le droit de l'artiste ne peut être exercé au préjudice des personnes qui y sont representées ; et comme je pense que chacun doit avoir le domaine absolu de sa personne physique, dans toutes ses manifestations, ainsi le droit de l'artiste doit s'arrêter, sauf des pactes contraires, devant aux droits de la personne représentée. La liberté individuelle fait que l'homme, pourvu qu'il respecte les droits d'autrui, soit maître de soi même; et de telle façon il peut aussi défendre aux autres de reproduire ses traits. Ce principe a pour effet qu'il soit défendu d'exposer le portrait d'une personne sans son consentement; et que si même on laisse faire ce portrait on n'en puisse faire ni exposer des copies sans une permission bien claire. Une telle solution a été presque toujours accueillie par les lois, par les arrêts des magistrats et par les vœux des Congrés. Mais elle trouve des opposants, quand la personne qui est représentée appartient pour une cause quelconque à la pubblicité. Le fait pour lequel on voit tous les jours publiés et exposés les portraits des personnes, qui intéressent le public, et bien souvent aussi sous la forme de caricature, a fait demander si on ne peut en faire connaître les traits en public et le mettre à même d'en apprécier aussi graphiquement et plastiquement les actes, de la même façon qu'on les peut discuter. La personne qui s'est donnée à la publicité doit elle laisser le champ libre au public de la con-naître et de l'apprécier même physiquement? On peut répondre à cela que le public peut et doit apprécier les actes d'une personne, mais qu'on n'a pas le droit de donner à la partie physique de cette personne une publicité plus étendue que celle consentie par la personne même. Certes bien rarement il advient qu'une de ces personnes s'oppose à la diffusion de son effigie ; au contraire il y en a beaucoup qui la désirent; mais cela ne peut influer sur la question de droit. Ces idées ne sont pas nouvelles; et puisque je les soutins dès 1874, un des mes collègues des plus distingués et un des mes chers amis, M. Rosmini, m'a spécialement contredit et il a presque plaisanté sur *le domaine des traits* que j'aurais défendus. Pourtant celui-ci est l'unique critère juridique, qui puisse conduire à une solution exacte de toutes les difficultés. Comment pourrait-on, au contraire, définir quand la personne privée finit et quand la personne publique commence, pour en déduire qu'on puisse reproduire et exposer les traits de celle-ci, tandis qu'on reconnaît que les traits d'une personne privée ne peuvent pas être reproduits et exposés ?

Si on n'admet pas l'application du principe de la personnalité, il faudrait admettre qu'on ne peut plus rétirer le consentement une fois qu'on a consenti à la publication de ses traits ; pourtant il y a eu des cas dans lesquels on dût reconnaître à une personne effigiée le droit de rétirer son consentement, quand celui-ci n'était pas lié à celui des autres. On a admis ceci parceque les contrats, qui se ré-fèrent à la personne humaine reçoivent les limitations que le respect de la personnàlité impose. Un consentement révoqué intempestivement peut obliger celui qui l'a révoqué aux dommages-intérêts ; mais la personnalité humaine doit être respectée.

On peut admettre la supposition du consentement à la publicité du portrait de part de ces personnes, qui pour une cause quelconque peuvent intéresser le public; de façon que la prohibition ne s'applique pas sinon quand elle est explicite. Mais lorsque la prohibition est manifestée, on doit appliquer le même principe soit pour l'homme public, soit pour l'homme privé. On peut discuter les actes du premier et en faire le portrait moral, parceque ces actes, qui se manifestent en public, peuvent être appréciés; mais son portrait physique n'est pas nécessaire pour juger ses actes.

Ces considérations demontrent que je ne pourrais accueillir dans son intégrité le vœu émis par le Congrès d'Anverse de 1894, c'est-à-dire qu'un individu quelconque peut défendre la reproduction de son portrait, quand cette prohibition constitue un attentat à sa personnalité.

Cette condition me paraît faite pour créer des difficultés et non conforme aux principes. Qui est ce (si non l'individu) qui peut être le juge compétent de sa propre personnalité? La personnalité n'est pas respectée si on ne laisse pas tout-à-fait libre la personne de consentir ou non à la publication de son portrait. Si on fait des distinctions, on ne saura jamais où le droit commence et où il finit.

En résumé, le droit de l'artiste doit s'arrêter devant le droit de la personne dont il a fait le portrait. Mais pour la même raison du respect des droits, la personne même représentée par le portrait, comme aussi la personne qui en est le propriétaire, doivent respecter les droits de l'artiste; et pour cela elles ne pourraient reproduire ni faire reproduire le portrait sans le consentement de l'auteur, parceque les droits de celui-ci restent intègres même après la consignation de l'œuvre d'art.

Les réponses que j'ai données jusqu'à présent conduisent logiquement à répondre à cette question de savoir si on peut, sans son consentement, représenter une personne dans une œuvre d'art plus étendue. Je ne le pense pas, parcequ'on ne peut pas indirectement échapper à l'application des principes. Si une solution est exacte, elle doit être conduite jusqu'à ses dernières conséquences.

Je sais bien que dans un tableau, qui représente un évènement extraordinaire, tel qu'une bataille, la représentation exacte des personnes qui prirent part à l'évènement lui donne un grand prix; et il serait vraiment extraordinaire le cas d'une personne qui ne voudrait pas être représentée dans cet évènement; mais cela, à mon avis, serait son droit. Toutefois ce droit ne pourrait être étendu au delà de la personne représentée; il suffirait donc de modifier les traits pour que toutes ses légitimes prétentions fussent satisfaites.

Sur l'incorporation des œuvres d'art dans une autre œuvre.

Le Comité Allemand a donné terme à son questionnaire en faisant une question par laquelle il désire savoir si et avec quelles conditions et réserves il soit licite incorporer des reproductions d'œuvres isolées ou parties d'œuvres dans d'autres œuvres ayant un but déterminé (pédagogique ou littéraire).

La question se rattache à une autre qu'on fait dans le champ exclusivement littéraire, c'est-à-dire s'il est permis de faire des anthologies ou des chrestomathies dans le but de l'enseignement avec des morceaux d'autres œuvres littéraires ou scientifiques qui jouissent encore des droits d'auteur. En Allemagne la loi répond affirmativement à cette demande, tandis qu'en France et en Italie, puisque la loi ne dit rien, la réponse est négative. Celle-ci est aussi mon opinion, parceque le choix des meilleurs morceaux de plusieurs auteurs et leur recueil, tandis qu'elle donne au lecteur la jouissance des œuvres originaux, ôte aux auteurs le moyen pour profiter de leurs œuvres. Il ne peut y avoir un danger sérieux de préjuger, par la nécessité de venir à pactes avec les auteurs, l'enseignement et l'étude.

Cela ne peut néammoins empêcher qu'on reproduise des morceaux d'œuvres d'auteurs dans un but de critique ou de discussion ou pour avoir un essai des mêmes œuvres.

La reproduction doit être faite de façon qu'elle n'enlève à l'œuvre aucune de ses qualités et des utilités; parceque la compensation de celles-ci doit être à l'auteur ou à qui pour lui. Une fois résolue la question pour les œuvres littéraires et scientifiques, on est conduit par la logique à la même résolution pour les œuvres d'art, qui soient en tout ou en partie recueillies pour former une méthode d'enseignement ou pour illustrer des œuvres littéraires ou scientifiques. Tous les moyens par lesquels le public jouit de l'œuvre d'art doivent former la légitime compensation de l'auteur.

Conclusion.

Ce travail est bref et sommaire; je me suis tu sur les opinions d'écrivains éminents, sur plusieurs résolutions des Congrès et sur les décisions des tribunaux des divers pays. Mais ce fut une nécessité, imposée, quoique déplaisante, portée par la nature même du travail. D'autre part il pourrait être superflu de porter à un Congrès, composé de personnalités éminentes, des éléments qui ne sont pas nouveaux. Ni même les éléments contenus dans ce mémoire peuvent se considérer comme nouveaux; ils ne sont que l'expression synthétique de l'opinion d'un studieux des droits des auteurs des œuvres de l'esprit, aussi modeste qu'ancien et convaincu.

Table des matières

Du même auteur

Dei diritti degli autori di opere dell'ingegno — 1874.

Dei giudizi arbitrali — *Seconda edizione* — 1879.

Dei diritti degli artisti — 1880.

Della concorrenza sleale in materia libraria — 1882.

Sulle licenze di fabbricazione nelle privative industriali — 1885.

Delle coalizioni nell'industria e nel commercio — 1886.

Del diritto industriale — 1886.

Du contrat d'édition — 1892.

Dei nomi, dei marchi e degli altri segni e della concorrenza nell'industria e commercio — 1893.

Della responsabilità dei rappresentanti di società estere in Italia — 1893.

Sui diritti di privativa per invenzioni fatte da altri o per conto d'altri — 1893.

Della condizione giuridica in Italia dei marchi di fabbrica non depositati — 1894.